W0055824

ANSELM GRÜN

Weihnachtsengel

MEDITATIONEN

HERDER

FREIBURG · BASEL · WIEN

Inhalt

Einladung

Die Geburt Jesu ist von Engeln begleitet. In der Bibel erzählen sowohl das Lukas- als auch das Matthäusevangelium von den Engeln, die die Geburt Jesu ankündigen. Bei Matthäus erscheint der Engel fünfmal im Traum und gibt dem Josef und den Magiern konkrete Weisungen, was sie zu tun haben, damit das Kind, das vom Heiligen Geist gewirkt ist, in dieser Welt mit ihren Gefahren und Gefährdungen seinen Weg geschützt und sicher gehen kann. Bei Lukas verkündet der Engel die Geburt Jesu. Er begegnet Maria mitten am Tag. Und als das Kind geboren ist, verkündet ein Engel voller Licht das große Geheimnis den Hirten. Und eine himmlische Schar besingt das Geschehen von Weihnachten mit ihrem »engelischen« Gesang.

Bilder und Lieder sind der Weg, auf dem wir den Weihnachtsengeln begegnen und sie verstehen lernen. Künstler haben gerne Engel gemalt. In ihren Bildern machen sie etwas sichtbar, was oft genug in unserem Leben unsichtbar bleibt. Sie malen die Engel als zärtliche Boten Gottes. Sie stellen sie mit Flügeln dar, um zu zeigen, dass im Engel etwas Himmlisches einbricht in unsere Welt, dass Gott selbst die Engel zu uns sendet. Die Flügel drücken aus, dass die Engel unsere Seele beflügeln wollen, damit wir uns erheben über die Niederungen des Alltags. Die Engel laden uns ein, das Leben leichter zu nehmen, den täglichen Konflikten manchmal mit den Flügeln unserer Seele zu entfliehen und zum Himmel aufzuschauen, der uns einen weiten Horizont eröffnet. In diesem weiten Horizont erscheinen unsere täglichen Probleme oft allzu eng. Sie relativieren sich, wenn ein Engel unseren Blick nach oben erhebt. Engel verzaubern unser Leben. Das bringen die Bilder wunderbar zum Ausdruck. Da bricht etwas in unser Leben ein, das geheimnisvoll ist, anmutig, schön, voller Liebe und Zärtlichkeit.

Die Weihnachtsengel musizieren. Seit je wird Musik mit den Engeln verbunden. Wenn Menschen wunderbar singen, sagen wir, es war ein Engel, der da gesungen hat. Oder wenn Geigen und Flöten schön zusammen spielen, haben wir den Eindruck, dass die Engel musizieren. In der Musik erklingt das, was die Bibel uns mit den Engeln nahebringen möchte. In der Musik wird die Seele leicht, sie wird erhoben. Die Engel wollen unsere Seele zu Gott erheben, für Gott öffnen. Musik erklingt in unserer Seele, um sie selbst zum Klingen zu bringen. Musik bringt uns in Berührung mit der Quelle der Freude und der Quelle der Liebe, die auf dem Grund unserer Seele vorhanden sind, oft genug überdeckt von den täglichen Sorgen und Nöten. Indem wir den Gesang der Engel in unsere Seele eindringen lassen, wird die Quelle der Freude gleichsam angehoben, so dass sie auch ins Herz dringt und den ganzen Leib erfüllt. So wird die Freude erfahrbar mit dem ganzen Leib. Ähnlich ist es mit der Quelle der Liebe. Musik ist immer Ausdruck von Liebe. Indem sie in unserer Seele erklingt, wird die Quelle der Liebe, die manchmal nur noch ein Sickerwasser zu sein scheint, anschwellen und allmählich den ganzen Leib durchdringen. Dann *sind* wir auf einmal Liebe. So wie die Maler die Engel oft gemalt haben – als Wesen voller Liebe –, so werden wir selbst durch die Musik der Engel: zu Menschen, die erfüllt sind von Liebe und die Liebe ausstrahlen.

Zu den Motiven der 12 Weihnachtsengel ist eine Audio-CD mit Kompositionen von Hans-Jürgen Hufeisen erschienen.

Liebe Leserinnen und Leser, Ihnen wünsche ich, dass Sie sich von den Weihnachtsengeln berühren lassen. Dann wird die Freude, die die Engel verkünden, in Ihnen erklingen. Sie brauchen dann an die Freude nicht eigentlich »zu glauben«, die das Weihnachtsgeheimnis für uns bedeutet; sie erfahren sie. Und Sie müssen sich nicht zur Liebe zwingen. Die Liebe wird Sie durchdringen, wenn Sie die Botschaft der Engel in sich eindringen lassen. Sie sind einfach Liebe und von Ihnen wird Liebe ausstrahlen.

1
Die
stille Zeit

Der Engel sprach zu Zacharias:
Ich bin Gabriel, der vor Gott steht,
und ich bin gesandt, zu dir zu reden und dir
diese frohe Botschaft zu bringen.
Aber du wirst stumm sein und nicht sprechen
können bis zu dem Tag,
an dem dies geschehen wird.

AUS LUKAS 1,5–25

1 Lukas beginnt sein Evangelium gleich mit zwei Engelgeschichten. Der Engel Gabriel erscheint dem alten Priester Zacharias, der mit seiner Frau Elisabet kinderlos ist. Man könnte sagen, ihr Leben ist bisher ohne Frucht geblieben. Der Engel sagt dem alten Mann, dass sein Gebet erhört worden ist. »Elisabet, deine Frau, wird dir einen Sohn gebären, und du sollst ihm den Namen Johannes geben« (Lukas 1,13). Doch Zacharias zweifelt an dieser Verheißung. Er hat sich offensichtlich so eingerichtet in seiner Unfruchtbarkeit, dass er keine Hoffnung mehr auf eine Wendung hat.

Jetzt gibt sich der Engel zu erkennen: »Ich bin Gabriel, der vor Gott steht, und ich bin gesandt, um zu dir zu reden und dir diese frohe Botschaft zu bringen« (Lukas 1,19). Engel sind, so lehrt die katholische Theologie, geschaffene geistige Wesen. Sie können auftreten als innerer Impuls in der Seele des Menschen, als Lichtgestalt, als ein Mensch, der mir im rechten Augenblick begegnet. Vielleicht hat Zacharias nur einen inneren Impuls gehört. Aber als Mann hat er genügend Gründe, gegen solche leisen Impulse eines Engels andere Gründe vorzubringen. Rationale Argumente sind für ihn wichtiger als solche Engelsbotschaften. So muss sich der Engel offenbaren, einmal mit Namen und dann als einer, der vor Gott steht, der also eine besondere Beziehung zu Gott hat. *Aber der Engel gibt Zacharias eine Chance.*

Er lässt ihn schweigen. Seine rationalen Argumente sollen verstummen. Er soll still werden, um in der Stille nachzuspüren, was da mitten in seiner Unfruchtbarkeit an Neuem in ihm und seiner Frau heranwächst. Die Stille ist der Raum, in dem wir offen sind für die Botschaft des Engels. Im Lärm des Alltags ist die Stimme des Engels zu leise. Wir hören sie oft gar nicht. Wir hören nur auf das Lautstarke, das sich uns aufdrängt. Oder aber wir sind nicht sensibel für die inneren Stimmen und haben keinen Zugang zu unserer Seele.

In der Stille horchen wir in uns hinein. Da lassen wir alle unsere lauten Argumente los. Da hören wir auf das, was sich in unserer Seele an inneren Stimmen bemerkbar macht, auf die leisen Impulse, in denen der Engel zu uns spricht. Und vielleicht braucht es auch die Stille in der Beziehung zwischen dem Mann und der Frau. Der Mann hat mit seinen Argumenten ein festes Bild seiner Frau in seinem Kopf geformt. Er traut ihr gar nicht zu, dass sie ein Kind gebiert. In der Stille muss er all seine Bilder, die er sich von seiner Frau gemacht hat, loslassen, damit das Neue in ihr heranreifen kann, ohne von ihm gleich wieder entwertet zu werden. Elisabet reagiert auf ihre Schwangerschaft mit dem Satz: »So hat der Herr an mir getan zu der Zeit, als er auf mich schaute, um meine Schmach bei den Menschen hinwegzunehmen« (Lukas 1,25). Die Menschen hatten sich ein Bild von ihr gemacht, ähnlich wie ihr Mann. Jetzt ist ihr Mann still geworden. In dieser Stille kann in ihr der Sohn heranreifen, den der Engel Zacharias verheißen hat.

Der Engel, den *Melozzo da Forli* 1466 gemalt hat, tritt ein in mein Leben. Er richtet den Blick genau auf mich und lädt mich ein, still zu werden. Wenn ich still werde, dann wird auch in mir etwas aufblühen. Der Engel hält eine Lilie in der linken Hand. Sie gilt als Symbol der Reinheit. Die Stille will mich reinigen. Das, was in der Seele aufgewühlt worden ist, kann sich in der Stille setzen. So wird das Trübe in mir geklärt. Der Engel weist mit den Fingern der rechten Hand nach oben.

Die Stille ist kein Kreisen um mich selbst. Sie will mich für Gott öffnen. Gott soll eine Chance bekommen, in der Stille zu mir zu sprechen. Indem der Engel meinen Geist zur Stille führt, können Gottes Worte anklingen in meinem Herzen, ohne dass ich ihnen den Widerstand meiner lauten Gedanken entgegensetze. Wir brauchen oft einen Engel, der hineintritt in den Lärm unseres Alltags, um uns in die Stille zu führen. Weil der Engel in sich still ist, vermag er auch uns in Berührung zu bringen mit dem Raum der Stille, der unterhalb der lärmenden Gedanken in uns vorhanden, aber oft genug zugestellt ist mit so vielem, was uns mehr beschäftigt als Gott.

Der Engel schließt die Tür zur Stille in uns auf, damit wir in der Stille zu unserem wahren Selbst finden. Dann wird in der Stille auch in uns eine Lilie aufblühen und uns mit reiner Schönheit erfüllen.

2
Das
innere Licht

*Der Engel Gabriel trat bei Maria ein
und sagte: Sei gegrüßt, du Begnadete,
der Herr ist mit dir. Fürchte dich nicht,
Maria; denn du hast bei Gott
Gnade gefunden.*

AUS LUKAS 1,26–38

2 / Während der Mann Zacharias an der Botschaft des Engels zweifelt, lässt sich die Jungfrau Maria auf den Engel ein. Während der Engel Zacharias im Tempel, im offiziellen Bereich seiner priesterlichen Aufgaben, erscheint, kommt er zu Maria – so wie es das Lukasevangelium erzählt – in ihrem privaten Bereich. Die Künstler haben diese zärtliche Begegnung in der Kammer Marias ins Bild gebracht. Und sie haben Maria oft lesend oder meditierend dargestellt, schon als junges Mädchen eine kontemplative Frau, die nach innen horcht. Maria ist die Frau, die in der Bibel liest, die das Wort Gottes in der Bibel meditiert. Sie lässt das Wort der Heiligen Schrift so tief in sich hineinsinken, dass es in ihr Fleisch annehmen kann. Die Meditation des Wortes Gottes ist die Voraussetzung, dass es in ihr zur Welt kommen kann. Maria liest die Bibel nicht nur mit ihrem Verstand, sondern mit ihrem ganzen Leib. Sie lässt Gottes Wort Gottes so in ihren Leib fallen, dass es in ihr Fleisch annimmt und als Kind geboren wird.

Als der Engel bei ihr eintritt und sie mit dem Wort »Du Begnadete, der Herr ist mit dir« (Lukas 1,28) anspricht, erschrickt sie über diese Anrede. Sie bekommt keine Angst; es ist Betroffenheit, mit der sie reagiert. Sie lässt sich betreffen, berühren von diesen Worten. Und sie überlegt, was der Gruß wohl bedeutet. Sie lässt sich auf die Worte ein. Das Wort »Gnade« meint auch Liebe und Zärtlichkeit. Es ist eine zärtliche Begegnung zwischen dem Engel und Maria. Der Engel verkündet dem Mädchen Maria die zärtliche Liebe Gottes. So deutet er ihr die Worte, die sie in der Bibel liest. Es sind zärtliche Worte, die ihr gelten, in denen Gott selbst bei ihr und mit ihr ist und ihr verheißt, dass Gott an ihr wirkt.

Und dann schildert Lukas, wie die Begegnung zwischen ihr und dem Engel gelingt. Es ist ein Bild für jede gelingende Begegnung. Der Engel nimmt ihr die Furcht. Und dann verheißt er ihr das Unerhörte: »Du wirst ein Kind empfangen, einen Sohn wirst du gebären; ihm sollst du den Namen Jesus geben« (Lukas 1,31). Und der Engel schildert ihr, wie ihr Sohn sein wird: groß, Sohn des Höchsten. Er wird über das Haus Jakob in Ewigkeit herrschen. Es sind Aussagen, die üblicherweise eine junge Frau wie Maria überfordern. Doch sie lässt sich ein, sie will verstehen, wie das alles gehen sollte, da sie doch keinen Mann »erkennt«.

Maria stellt Fragen an den Engel,

nicht um ihn infrage zu stellen, sondern um ihn besser zu verstehen. Der Engel erklärt ihr geduldig, wie alles geschehen soll: »Heiliger Geist wird über dich kommen, und Kraft des Höchsten wird dich überschatten« (Lukas 1,35). Und er verweist auf das Beispiel ihrer Verwandten Elisabet, die schon im sechsten Monat schwanger ist. »Denn für Gott ist nichts unmöglich« (Lukas 1,37). Es ist unmöglich, dass das Wort Gottes nicht wirkt, dass es nicht das wirkt, was es aussagt.

Das Wort, das der Engel zu Maria gesagt hat, wird in Erfüllung gehen.

Denn im Wort Gottes ist eine Kraft, eine *dynamis,* eine Dynamik, die nicht lockerlässt, bis das Wort seine Wirkung zeigt.

Auf diese Worte des Engels hin lässt sich Maria ein auf die Verheißung. Sie antwortet: »Siehe, ich bin die Magd des Herrn. Mir geschehe nach deinem Wort« (Lukas 1,38). »Magd« ist kein Wort der Selbsterniedrigung, sondern Ausdruck ihres Selbstvertrauens. Das Volk Israel wird beim Propheten Jesaja als »Knecht Gottes« beschrieben. Wo der Knecht versagt, ist Maria bereit, sich stellvertretend als »Magd Gottes« Gott zur Verfügung zu stellen.

In Maria wird in Erfüllung gehen, was Gott seinem Volk durch die Propheten verheißen

hat. Sie lässt sich ein auf Gottes Wort, obwohl sie nicht voraussehen kann, was das alles für sie bedeuten wird.

Als der Engel ihr begegnet, weiß sie nicht, was der ange-
kündigte Sohn ihr einmal an Leid bringen wird. Sie ist
bereit, dem Wort des Engels zu trauen und den Weg zu
gehen, den Gott ihr zutraut. Maria hört nicht nur auf
das Wort Gottes, sie ist gehorsam. Sie stellt sich mit
ihrem ganzen Sein Gott zur Verfügung. Sie ist ganz und
gar offen, dass Gott an ihr und durch sie handelt.
Lukas schildert die Erscheinung des Engels bei Maria
als eine gelingende Begegnung. Der Engel ist das
Gegenüber, mit dem Maria einen Dialog führt. Wenn
wir aber Engel als einen inneren Impuls verstehen,
dann erkennen wir, wie groß das Vertrauen Marias in
diese leise Stimme in ihrem Innern war, in der der Engel
zu ihr sprach. Sie hat keine Argumente gegen diese
inneren Impulse gesetzt. Sie hat sich eingelassen auf
das, was in ihrer Seele als Ahnung und zugleich als
Anruf Gottes wahrnehmbar wurde.

Maria hat den Engel erkannt in den
leisen Stimmen ihres Herzens. Und sie hat sich auf
einen Dialog mit dem Engel eingelassen. Er hat sie
ermutigt, sich Gott zu überlassen voll Vertrauen und
im Glauben, dass sie sich stellvertretend für ihr Volk
Gott zur Verfügung stellt.

Der Verkündigungsengel, den *Simone Martini* im Jahr
1333 gemalt hat, ist voller Licht und Zärtlichkeit und
zugleich voller Kraft. Seine Botschaft scheint er weni-
ger mit dem Mund vorzutragen als mit den Augen.

Er schaut mit seinen lichterfüllten Augen auf Maria und bringt sie in Berührung mit dem Licht, das auch in ihrer Seele leuchtet. Wir kennen solche Erfahrungen: Wenn uns ein Mensch mit seinen Augen anstrahlt, dann wird es auch in uns hell. Dann entdecken wir das Licht, das auch in unserer Seele leuchtet, das aber oft genug verdunkelt ist durch den Staub des Alltags, der sich darauf gelegt hat.

Wenn ein Engel des Lichts eintritt in die Kammer unseres Herzens, dann wird unser ganzer Leib Licht.

Dann geschieht, was Jesus uns verheißen hat: »Wenn dein Leib ganz licht ist und nichts Finsteres in ihm ist, wird er so erleuchtet sein, wie wenn dich das Licht mit seinem Glanz erhellt« (Lukas 11,36). Maria hat sich vom Licht des Engels erleuchten lassen. So wird ihr Heiliges geboren. Wenn der Engel auch uns mit seinem Licht erfüllt, wird das, was in uns entsteht, auch heilig und heilend sein.

3
Aufrichtung im Traum

Ein Engel des Herrn erschien dem Josef
im Traum und sprach zu ihm: Josef, Sohn Davids,
scheu dich nicht, Maria, deine Frau, zu dir
zu nehmen; denn was sie empfangen hat,
ist aus Heiligem Geist.

AUS MATTHÄUS 1,18–25

3 Matthäus erzählt uns die Geburt Jesu aus der Sicht des Mannes. Dem Josef erscheint der Engel im Traum. Offensichtlich können Männer sich leichter auf den Engel einlassen, wenn er ihnen im Traum erscheint. Im Traum haben sie keine Abwehrmöglichkeiten, sich den inneren Stimmen mit Argumenten zu entziehen. Der Traum »geschieht«. Da tritt der Engel tief in die Seele des Mannes ein, tief in sein Unbewusstes und überspringt seinen Widerstand.

Er berührt ihn dort, wo er offen ist für die neue Botschaft.

Der Engel greift die Überlegungen auf, die sich Josef im Wachzustand gemacht hat. Er hatte überlegt, seine Braut, die schwanger war – und nicht von ihm – heimlich zu entlassen. Er wollte ihr nicht schaden. Vom Gesetz her wäre Steinigung als Strafe für eine verlobte Frau gestanden, die von einem andern schwanger wird. Doch Josef ist gerecht. Er will Maria gerecht werden. In diese Überlegungen hinein kommt der Engel. Er spricht die Gedanken des Josef im

Traum an und nimmt ihm die Furcht, Maria zu sich zu nehmen. Und der Engel erklärt ihm, was es mit seiner Verlobten Maria auf sich hat. »Was sie empfangen hat, ist vom Heiligen Geist« (Matthäus 1,20). Er deutet ihm das Geschehen, damit er es verstehen und annehmen kann.

Der Engel öffnet Josef die Augen

für das, was er sich nicht erklären kann. Und er malt diese Deutung noch aus, indem er die Geburt des Sohnes aus Maria als Erfüllung der Verheißung aus dem Buch des Propheten Jesaja erklärt: »Seht, die Jungfrau wird schwanger werden und einen Sohn gebären, und man wird ihm den Namen Immanuel geben, das heißt übersetzt: Gott mit uns« (Matthäus 1,23; vgl. Jesaja 7,14). Gott selbst hat an Maria gehandelt und ihr einen Sohn verheißen, der sein Volk von seinen Sünden erlösen wird.

Aber der Engel bleibt nicht bei der Deutung stehen, er gibt Josef einen Befehl: Er soll Maria zu sich nehmen. Und als er aufsteht, erfüllt er, was ihm geboten ist. Jetzt ist für ihn alles klar. Er nimmt seine Frau zu sich. Aber er »erkennt« sie nicht, bis sie ihren Sohn gebiert. Der Engel gibt Josef Mut, das zu tun, was er im Innersten sicher ersehnte, sich aber vor dem Gesetz nicht erlauben konnte. Er richtet ihn auf, damit er aufrecht das tut, was seiner innersten Sehnsucht entspricht. Der Engel befreit ihn von seinen Überlegungen, die ihn nicht weiterbrachten, sondern zu einem ständigen Grübeln wurden. Josef lässt sich wie Maria auf die Botschaft des Engels ein. Er handelt. Er tut, was in seiner Hand liegt und nimmt Maria als seine Frau zu sich, ganz gleich, was die anderen darüber denken oder reden. Josef ist gehorsam. Er horcht auf die Stimme des Engels und folgt ihr.

Der Engel, den *Ferdinand Bol* im Jahr 1644 gemalt hat, ist in der Erzählung des Alten Testaments (Genesis 27–28) im Traum dem Jakob erschienen. Jakob ist auf der Flucht vor seinem Bruder Esau, seinem Schattenbruder, der nach außen hin das repräsentiert, was Jakob bei sich verdrängt hat. Am Abend des ersten Fluchttages erscheint der Engel dem Jakob im Traum und zeigt ihm eine Himmelsleiter, auf der Engel auf- und niedersteigen

(Genesis 28,12). Im Johannesevangelium bezieht sich Jesus auf diesen Traum. In ihm ist das Erträumte in Erfüllung gegangen: »Amen, amen, ich sage euch: Ihr werdet den Himmel offen und die Engel Gottes über dem Menschensohn auf- und niedersteigen sehen« (Johannes 1,51).

Wie Jakob aus Angst vor seinem Bruder, so ist Josef in der Weihnachtserzählung des Matthäus niedergeschlagen aus Angst, seine Verlobte entlassen zu müssen. Beide werden im Traum aufgerichtet. Der Engel gibt dem Jakob den Mut, dass sein Leben gelingen wird, dass Gott an ihm vollbringen wird, was er ihm verheißen hat. Der Engel richtet auch den Josef aus seinen schmerzlichen Überlegungen auf. Er bringt Kraft in Josefs Schwäche, Klarheit in seine Verwirrung und Vertrauen in seine Angst.

Nach einem solchen Engel sehnen wir uns alle. Nach einem Engel, der uns aufrichtet, wenn wir am liebsten liegen bleiben möchten; nach einem Engel, der uns stärkt, wenn wir keine Kraft in uns fühlen; nach einem Engel, der unsern Blick nach oben richtet, wenn wir in unsere eigenen Überlegungen versunken sind.

4
Licht-erscheinung

In derselben Gegend waren Hirten auf dem Feld,
die bei ihrer Herde Nachtwache hielten.
Da trat der Engel des Herrn zu ihnen,
und die Herrlichkeit des Herrn umstrahlte sie,
und sie fürchteten sich sehr.

AUS LUKAS 2,8–9

4   Als das Kind im Stall zu Betlehem geboren ist, unbeachtet von anderen Menschen, da kommt ein Engel des Herrn vom Himmel herab. Er kommt nicht zu den Bewohnern von Betlehem, sondern zu den Hirten auf dem Feld, die Nachtwache hielten. Der Engel kommt zu denen, die wachen. Das Bild der Hirten ist ambivalent. Zur Zeit Jesu sehen manche Frommen in den Schafhirten unzuverlässige Menschen, Lügner und Betrüger, sie galten nicht viel in frommen Kreisen. Andererseits ist der »Hirte« ein uraltes Bild des Königtums, das in der Bibel auf Gott und den von ihm gesalbten König übertragen wird. So gibt es in der jüdischen Tradition auch die Ankündigung des Propheten Micha, dass der messianische Hirte in Betlehem geboren wird (Micha 5,1). Und bei den Griechen waren es immer Hirten, die die Geburt eines außergewöhnlichen oder göttlichen Kindes bezeugten.

Ganz gleich, welches Hirtenbild Lukas hatte, er zeigt uns, dass der Engel als Licht erscheint, als Glanz. Das griechische Wort für die »Herrlichkeit des Herrn«, *doxa*, kann auch Licht-Erscheinung bedeuten. Das entsprechende hebräische Wort weist auf die Gewalt und Kraft des Lichtes hin. Es ist der Lichtglanz Gottes, der im Engel aufleuchtet. Ein mächtiges Licht, das in den Hirten Furcht auslöst – der Engel ist nicht immer so harmlos, wie wir es in manchen Bildern ausdrücken:

ein gewaltiger Glanz, ein verzehrendes Feuer, ein starker Lichtglanz, der blendet.

Mitten in der Nacht leuchtet der Glanz des Engels auf. Er erscheint denen außerhalb der Stadt, außerhalb der menschlichen Gemeinschaft. Er begegnet denen, die besonders der Natur nahe sind, nahe an den Tieren, die sie hüten. Die Hirten halten Nachtwache bei ihren Herden. Sie vertreiben sich die Zeit durch Erzählungen, oder aber sie dösen dahin und wärmen sich in der kalten Nacht am Feuer. Es ist ein friedliches Bild, das diese wachenden Hirten abgeben. Aber diese Idylle wird gestört durch den Einbruch des mächtigen Lichtes. Die Hirten wissen nicht, wie ihnen geschieht. Weil sie wach sind, nehmen sie das Licht wahr – doch verstehen können sie es nicht. Aber sie lassen sich von dem Licht berühren, bis ins Herz treffen. Ja, sie lassen sich den Schrecken in die Knochen fahren. Mit ihrem ganzen Leib stellen sie sich dieser neuen Erfahrung.

Der griechische Text der biblischen Erzählung betont das, wenn es wörtlich heißt: »Sie fürchteten sich mit großer Furcht«. Sie bleiben nicht Beobachter. Sie lassen sich hineinziehen in das Geschehen, das Gott in dieser Stunde gewirkt hat.

Der Engel kann auch uns manchmal als Lichtgestalt erscheinen. Wir sehen auf einmal ein Licht aufleuchten, mitten in der Nacht, manchmal im Traum, manchmal im Wachzustand. Wir können dann nicht in der Zuschauerrolle bleiben und das Licht von einer sicheren Distanz aus betrachten. Wir werden betroffen von dem Licht. Es will uns etwas sagen.

Das Licht verwandelt unser Leben.

Wir können nicht mehr so bleiben wie zuvor. Wer einmal so betroffen ist, der kann nicht zur Tagesordnung übergehen, sondern muss sich dem Licht stellen, er muss sich vom Engel des Lichtes etwas sagen lassen. Dann könnte auch sein Leben sich erhellen. Er würde mitten in der Nacht seines Lebens durchblicken. Er würde einen Sinn entdecken mitten in der Dunkelheit, die ihn umgibt.

Der Engel, der bei *Taddeo Gaddi* (1300–1366) den Hirten erscheint, lässt am Himmel ein helles Licht aufleuchten. Er erscheint dem Hirten, der bei seiner Herde liegt und liegend Wache hält, in einer strahlenden Wolke. Von dieser Wolke fällt das Licht auf den schläfrigen Hirten und weckt ihn auf, richtet ihn auf. Er dreht sich um,

dem Leuchten zu, und schaut gebannt auf das Licht.
Das Licht, das in der Wolke aufstrahlt, erhellt die ganze
Umgebung des Hirten und taucht dessen ganzes
Umfeld in seinen Glanz. Der Hirte wird mitten in seiner
alltäglichen Arbeit herausgerissen aus dem üblichen
Trott. Getroffen von dem Licht wird er sich anders sei-
nen Herden zuwenden. Er wird sich – wie es im Bild
ausgedrückt ist – umwenden, umdrehen, umkehren.

Das Licht löst einen Prozess der Umkehr aus.

Wenn der Engel uns als Licht
erscheint, dann bleibt nichts mehr, wie es war. Alles
wird erhellt. Wir schauen mit einem neuen Blick auf
das Licht und im Schein des Lichtes auf das, was wir in
unserem Alltag tun.

5
Große Freude

Fürchtet euch nicht!
Denn ich verkünde euch eine große Freude,
die dem ganzen Volk zuteil werden soll.
Heute ist euch in der Stadt Davids
der Retter geboren, der Messias, der Herr.

AUS LUKAS **2,10–11**

5 Der Engel spricht die Hirten an, wie schon der Engel Gabriel es bei Zacharias und Maria getan hat: »Fürchtet euch nicht!« Die Begegnung mit dem Engel ist eine so berührende Erfahrung, dass sie immer zuerst Furcht auslöst. Furcht bedeutet nicht Angst, sie ist vielmehr die Haltung, die uns für eine neue Erfahrung öffnet, für eine Erfahrung, die uns ganz und gar berührt, vor der wir nicht ausweichen können. Furcht meint, dass die Hirten von der Erscheinung des Engels in ihrem Innersten betroffen werden. Sie bleiben nicht bloße Zuschauer oder Beobachter. Sie werden hineingezogen in ein heiliges Geschehen. Ihre Reaktion darauf ist, dass sie sich fürchten vor dem Großen und Geheimnisvollen, das ihnen im Engel begegnet. Diese Furcht bricht sie auf für das Unbekannte und Unvorhergesehene. Es macht sie offen für etwas völlig Neues. Das, was jetzt geschieht, ist nicht einfach irgendeine Neuigkeit, die ihnen jemand ankündigt. Es ist der Einbruch Gottes in ihre Welt. Gott vermag uns in die Knochen zu fahren. Er bringt unsere

alten Sicherheiten durcheinander. Aber gerade so öffnet er uns für das Neue, das er in unser Leben bringt. Erst in dieser Verunsicherung und zugleich in der großen Offenheit, die die Furcht in ihnen bewirkt, vermögen die Hirten die Botschaft des Engels mit ihrem ganzen Herzen in sich aufzunehmen. Furcht und Freude scheinen uns Gegensätze zu sein. Und doch gehören sie eng zusammen. Die Furcht als die Reaktion der Betroffenheit öffnet uns für eine tiefe Erfahrung der Freude. Es ist keine billige Freude, sondern eine Freude, die unser Leben von Grund auf verwandelt. Freude – so sagt uns die Psychologie – ist eine gehobene Emotion. Sie bewegt unser Herz. Sie hebt es empor. Sie lässt es höher springen. Und sie macht es weit.

Angst engt ein, die Freude weitet.

Der Engel, der als Licht erscheint, fordert die Hirten nicht etwa auf, dass sie sich freuen sollen – er verkündet ihnen die Freude. Die Freude wird für die Hirten erfahrbar in dem Licht. Sie weitet das Herz so wie das Licht. Das Herz wird von Licht und von Freude erfüllt, beides gehört zusammen. Die Freude, die der Engel verheißt, gilt nicht nur den Hirten, die sie als Erste spüren, sondern dem ganzen Volk. Es ist etwas eingebrochen in diese Welt, das das ganze Volk mit Freude erfüllen und es verwandeln soll. Die Künstler haben diese Freude in der Gestalt des Engels dargestellt. Wenn wir die Bilder anschauen, in denen der Engel den Hirten die frohe Botschaft verkündet, so erfüllen sie auch uns mit Freude. Wir können diese Bilder nicht anders anschauen als mit einem frohen Herzen.

Und dann erklärt der Engel den Grund der großen Freude. »Heute ist euch in der Stadt Davids der Retter geboren; der Messias, der Herr« (Lukas 2,11). Lukas deutet in diesen drei Worten das Geheimnis der Geburt Jesu Christi. Die drei Worte »Retter – Messias – Herr« drücken das Geheimnis dieses Kindes aus und das Geheimnis des ganzen Evangeliums, das diese drei Worte deutet und zur Entfaltung bringt. Im Wort »Retter« schwingen alle Sehnsüchte der damaligen Menschen mit, seien es Juden, seien es Griechen. Der Retter ist der Befreier und der Heiler, der Schützer und der Hüter. Das Licht, das die Hirten umgibt, ist ein Bild des schützenden, behütenden und heilenden Retters, den der Engel nun mit Worten verkündet.

Im Licht ist die Botschaft schon erfahrbar.

Das Evangelium wird Jesus als den zeigen, der unsere Wunden heilt, der uns herausführt aus Gefangenschaft und Enge, der uns von unseren inneren Fesseln befreit, der uns rettet aus allen Nöten und der uns mit seiner Liebe einen schützenden Raum schafft, in dem wir uns behütet wissen. Der Retter, auf den die Menschen seit je warten als auf den, der alles gut macht, der sie glücklich macht, ist zugleich der

»Gesalbte«, der Messias oder Christus. Im Wort »Messias« verdichten sich alle Sehnsüchte des jüdischen Volkes. Es ist die Sehnsucht nach Freiheit, die Sehnsucht, dass Gott einen neuen Anfang setzt, dass Gott an seinem Volk handelt. Immer wieder hat Israel in seiner Geschichte darunter gelitten, dass Gott sich scheinbar zurückgezogen hat. Der Messias steht für Gottes Eingreifen in die Geschichte. Gott verlässt sein Volk nicht, er handelt von neuem an ihm, heilend und befreiend. Im Wort Herr, »Kyrios«, werden die Sehnsüchte der antiken Griechen angesprochen. Gott ist »der Herr«. Die Welt ist nicht von weltlichen Herren beherrscht, sondern von Gott. Gott ist der eigentliche Herrscher, auch wenn das oft nicht sichtbar ist. Wenn in dem Kind in Betlehem nun der Herr geboren wird, dann soll in diesem Zeichen sichtbar werden, dass Gott die Herrschaft wieder an sich zieht, dass sich auch auf dieser Welt etwas ändern wird. Die Herrschaft der Mächtigen geht zu Ende. Sie wird zumindest relativiert. Dass in diesem kleinen Kind Gott der Herr erscheint, das drückt der prophetische Lobpreis aus, den Maria im Magnifikat gesungen hat: »Gewaltige hat Gott vom Thron gestürzt und Niedrige erhöht. Hungrige hat er erfüllt mit Gütern und Reiche leer davongeschickt« (Lukas 1,52–53).

Indem der Engel diese Botschaft verkündet, wird die Freude, die sein Erscheinung auslöst, begründet. Wenn die Hirten den Worten Glauben schenken, dann hat ihre Freude ihren Grund nicht nur in der Lichterscheinung, sondern in der Deutung des Geschehens. Die Geburt Jesu als des Retters, Messias und Herrn ist der wahre Grund ihrer Freude. Und diese Freude soll sich nun ausbreiten im ganzen Volk. Die Hirten sind die Ersten, denen die Botschaft gilt, sie werden vom Rand aus in die Stadt gehen und von ihnen wird etwas ausgehen, das die ganze Welt verändert. Die Hirten wurden dann in der frühen Kirche zum Bild für die Verkünder des Evangeliums: Sie sind die »Pastoren«, Hirten, die die Frohe Botschaft den Menschen weitersagen sollen, eine Botschaft, die alle Angst nehmen will und die darin gipfelt, dass in Jesus der wahre Heiland geboren ist, der unsere Wunden heilt, der uns befreit und der uns einen Raum schafft, der frei ist von den Herrschern dieser Welt.

Sandro Botticelli hat den Engeln, die die Freude verkünden, kein Spruchband gegeben, auf dem er die Botschaft in Schriftform fasst. Er drückt die Freude, die die Engel auf seinem Bild »Geburt Christi« aus dem Jahre 1500 verkünden, nicht mit Worten aus, sondern im Tanz. Er lässt die Engel einen Reigentanz aufführen. So wird die Freude auf diesem Bild sichtbar. Unten im Bild geschieht die Geburt. Oben auf dem Dach und noch weiter oben, dort, wo der Himmel sich über dem irdischen Geschehen öffnet, tanzen die Engel.

Der Tanz der Engel deutet das Geschehen.

Was hier in der Geburt Jesu, mitten in ärmlicher Umgebung, geschieht, das bringt den Menschen eine große Freude. Die Engel laden die Beschauer ein, mitzutanzen im Tanz der Freude, sich von ihrer Freude anstecken zu lassen. Wenn wir uns den Engeln anvertrauen und mit ihnen tanzen, dann wird die Freude in uns spürbar. Und indem wir die Freude zulassen, erkennen wir auch das eigentliche Geheimnis, das da auf dem Bild dargestellt wird. Im Tanzen wächst die Freude, und in der Freude wächst die Erkenntnis über das, worüber wir uns freuen sollen. Indem wir immer mehr erkennen, was da in der Geburt des göttlichen Kindes geschehen ist, wird die Freude immer mehr vertieft. Tanzen, sich freuen, erkennen und sich noch mehr freuen, das ist der Reigen, zu dem uns die Engel einladen.

6
Zeichen der Zukunft

Und dies soll euch das Zeichen sein:
Ihr werdet ein Kind finden,
in Windeln gewickelt
und in einer Krippe liegend.

LUKAS 2,12

6   Der Engel bleibt nicht stehen bei der Verkündigung der Botschaft. Er verweist die Hirten auf ein Zeichen. Das Zeichen der überwältigenden Botschaft, das die ganze Welt verändern und mit Freude erfüllen soll, ist scheinbar klein und unscheinbar. Es ist ein kleines Kind, ein Säugling, der mit Windeln umwickelt in einer Krippe liegt. Das Bild steht im Gegensatz zu der großen Verkündigung von Heilung, Rettung, Befreiung und Herrschaft Gottes.

Es ist ein kleines hilfloses Kind, das nicht in einem Palast geboren wurde, sondern in einem Stall. Es liegt in einer Futterkrippe, aus der normalerweise die Tiere fressen. Es ist außerhalb der bewohnten Stadt, außerhalb des Volkes geboren worden.

Genauso wie die Hirten außerhalb der Stadt weiden, so ist auch der Retter dort geboren, wo die Tiere hausen. Nicht nur die Menschen werden verwandelt durch diese Geburt, sondern die ganze Welt, auch die Tiere. Auch ihnen ist etwas widerfahren. Ihnen ist Gott selbst nahe gekommen.

Wir brauchen Zeichen, um an die Frohe Botschaft glauben zu können. Aber diese Zeichen sind auch in unserem Leben oft sehr unscheinbar. Sie sind so klein und so zart wie ein Kind in der Krippe. Das Kind steht immer für das Neue, und das Neue kündet sich zart und unscheinbar in unserer Seele an. Manchmal zeigt uns ein Traum von einem Kind, das wir in Händen tragen, dass sich etwas Neues in uns tut, dass Gott einen heilenden, befreienden und verwandelnden Prozess in uns in Gang setzt. Auch für uns ist es meistens ein Kind, das zum Zeichen einer besseren Zukunft wird, ein Zeichen, dass wir in Berührung kommen mit dem neuen und unverfälschten Bild, das Gott sich von uns gemacht hat. Es kann ein wirkliches Kind sein, auf das uns der Engel im Traum hinweist, oder es sind kleine Zeichen, die so unscheinbar sind wie ein Kind.

Manchmal weist uns der Engel auf ein solches Zeichen mitten in unserem Alltag, wenn auf einmal hinter der Wolke ein Sonnenstrahl durchbricht gerade dorthin, wo wir stehen. Wenn sich etwas in unserer Arbeit gut fügt, wenn in unserer Familie etwas geschieht, was uns erfreut. Manchmal weist uns der Engel auch auf den

Sonnenuntergang hin, der uns berührt, auf die nächtlichen Sterne, auf den blauen Himmel, der sich über uns wölbt, oder aber auf menschliche Begegnungen, in denen uns etwas Neues aufgeht.

Mitten im Heute leuchtet etwas Neues auf. Die Zeichen in der Gegenwart deuten auf eine bessere Zukunft hin. Viele Menschen leben ängstlich in der Gegenwart, weil sie sich nichts Gutes von der Zukunft erwarten. Sie sehen die Zukunft mit düsteren Farben. Der Engel, der uns auf die Zeichen mitten in unserem Leben hinweist, eröffnet uns eine Zukunft, die von Heilung, Befreiung und Glück geprägt ist. Wenn uns eine bessere Zukunft erwartet, vermögen wir auch in der Gegenwart gut zu leben.

Die Engel, die *El Greco* auf seinem Gemälde »Anbetung der Hirten« aus dem Jahr 1597 gemalt hat, eröffnen in ihrer Bewegtheit den Hirten auf Erden eine neue Zukunft. Sie führen voller Bewegung ihre Spruchbänder mit sich. Sie öffnen den Himmel über der Erde. Die Hirten beten das Kind im Schoß der Mutter an und tun damit mitten auf der Erde etwas, das für sie ungewohnt ist. Sie kommen von ihrer Arbeit, tragen ihre alltäglichen Kleider, bringen ihre schmutzigen Hände mit – und beten damit ein zartes Kind an. Das ist eine anrührende Szene. Indem die Hirten auf das Kind schauen und es anbeten, werden sie verwandelt.

Das Zärtliche des Kindes erfasst ihre Herzen, ihre Hände, ihre Augen. Doch

über allem zeigen die Engel, dass es um mehr geht. In diesem Kind wird nicht nur ihre Gegenwart verwandelt, sondern ihnen eine neue Zukunft eröffnet. Die Spruchbänder künden mit Worten, was sie an Zukunft erwartet. Es ist eine Zukunft voller Licht, voller Freude, voller Lebendigkeit und eine Zukunft des Friedens.

7
Welt-
harmonie

*Und plötzlich war bei dem Engel
eine Menge himmlischer Heerscharen,
die Gott lobten und sprachen:
Herrlichkeit in den Höhen für Gott
und auf der Erde Friede den Menschen
seines Wohlgefallens!*

LUKAS 2,13–14

7   Es war ein einzelner Engel, der den Hirten die Frohe Botschaft und die große Freude verkündete. Die Buchmalereien des Mittelalters haben diesen Engel sehr groß dargestellt gegenüber den kleinen Hirten, die sich ängstlich vor ihm ducken. Jetzt erscheint auf einmal ein großes himmlisches Heer von Engeln. Diese vielen Engel hat die Kunst oft als Kinderengel dargestellt. Nicht als Verniedlichung, sondern um zu zeigen, dass die Engel, die Flügel haben, auch uns beflügeln wollen: Diese kleinen, leichten, musizierenden Engel wollen uns einladen, uns selbst leichter zu nehmen.

Sie lehren uns die Leichtigkeit des Seins.

Sie bringen uns in Berührung mit der Liebe Gottes, die in dem Kind in der Krippe Mensch geworden ist. Sie singen: »Ehre sei Gott in der Höhe.« Im Griechischen steht hier kein Wunsch, sondern es wird eine Tatsache ausgesagt: Verherrlicht ist Gott in der Höhe.

Oder aber: Lichtglanz ist in den Höhen bei Gott. Die Engel kündigen diesen Lichtglanz nicht erst an – er ist schon da. Sie besingen ihn. Indem das Kind in der Krippe geboren wird, leuchtet Gottes Licht am Himmel auf. Gemeint ist, dass das göttliche Licht zuerst den Engeln aufleuchtet. Die himmlischen Heerscharen sind im jüdischen Weltbild die ungezählten Sterne am Himmel, aber zugleich die Engel, die die Sterne bewegen. Mit den Engeln singt gleichsam der ganze Kosmos, dass in der Höhe Gottes Lichtglanz aufleuchtet.

Durch die Geburt Jesu im Stall von Betlehem

kommt der ganze Kosmos in seine Harmonie. Er wird zu einem einzigen Lied, das das Kommen Gottes in diese Welt besingt. Der Lichtglanz in der Höhe hat auf der Erde eine Auswirkung, und zwar den Frieden. Im Griechischen steht hier das Wort *eirene,* das meint die Harmonie.

Im Frieden klingen alle Töne

miteinander zusammen, die lauten und die leisen, die hohen und die tiefen, die Dissonanzen und Konsonanzen. Alles ergibt gemeinsam eine Harmonie. Durch die Geburt Jesu im Stall werden Himmel und Erde miteinander versöhnt, da entsteht auf einmal eine Harmonie zwischen der Höhe und der Tiefe, zwischen dem Licht und der Finsternis, zwischen dem Himmel und der Erde. Da wird die ursprüngliche kosmische Harmonie, die schon Pythagoras besungen hat, wiederhergestellt.

Da klingen Himmel und Erde zusammen, da werden Gott uns Mensch miteinander verbunden. Der Himmel kommt auf die Erde. Und so wird die Erde bewohnbar, Heimat für die Menschen.

Hugo van der Goes hat im Jahre 1476 den wunderbaren Portinari-Altar gemalt. In der Mitte liegt das Kind vor Maria, am linken Bildrand neigt sich Josef ihm zu, am rechten Ende sind gerade die Hirten angekommen, die das Neugeborene verehren. An allen vier Enden des Bildes hat van der Goes Engel gemalt, die das Kind anbeten. Die vier Engel auf unserem Bildausschnitt sind unterhalb der drei Hirten auf der rechten Seite darge-stellt. Sie haben priesterliche Gewänder an, die in den Regenbogenfarben leuchten.

Der Regenbogen ist Zeichen der göttlichen Harmonie, des Friedens zwischen Gott und den Menschen, zwischen Himmel und Erde. So verweisen diese vier Engel auf die vier Himmelsrichtungen und auch auf die vier Elemente des Irdischen. Das Irdische wird mit himmlischen Gewändern und Farben umhüllt, eingetaucht in das Göttliche. Die Engel mit ihren Flügeln knien auf der Erde und verwandeln die Schwere der Erde in Leichtigkeit. Die vorderen drei Engel zeigen mit den Händen auf das Kind, das auf der Erde liegt; der Engel hinter ihnen jedoch zeigt mit seinen gefalteten Händen zum Himmel. Er bringt in seiner Gebetsgebärde den Himmel mit der Erde zusammen und drückt so die Harmonie von Himmel und Erde aus, die in der Geburt Jesu Christi erfahrbar geworden ist.

Wir brauchen uns nur vom Engel einladen lassen, mit ihm die Hände zu falten und gen Himmel zu erheben: Dann erfahren wir, dass Himmel und Erde in der Geburt Jesu miteinander eins geworden sind. Dann spüren wir die Harmonie, die die ganze Welt umfasst und sich in unseren gefalteten Händen konkret ausdrückt.

8
Friedens-botschaft

Herrlichkeit in den Höhen für Gott und auf der Erde Friede den Menschen seines Wohlgefallens!

LUKAS 2,14

8　Was bewirkt die Erscheinung des Licht-glanzes in der Höhe auf Erden? Den Frieden. Die Engel verkünden den Menschen den Frieden: »Und auf der Erde ist Friede bei den Menschen seines Wohlgefallens.« Im Griechischen steht für den Ausdruck »bei« (den Menschen) das Wort *en,* das auch »in« bedeutet. Das meint: Der Friede, der durch die Geburt Jesu auf Erden ankommt, ist nicht nur *bei* den Menschen, nicht nur *unter* den Menschen, sondern *in* den Menschen.

Im menschlichen Herzen kehrt Friede ein, wenn er sich auf das Lied der Engel

hin auf die Geburt Jesu einlässt, wenn er sich von den Engeln bewegen lässt, das Kind in der Krippe zu betrachten. Das griechische Wort *eirene* für Frieden meint nicht nur Harmonie, sondern auch Ruhe, Seelen-ruhe. Wenn Gott Mensch wird, kommt der Mensch in seinem unruhigen Herzen zur Ruhe. Seine innere Zer-rissenheit wird geheilt. Solche Unruhe ist ja immer ein

Zeichen, dass ein Mensch vor sich selbst davonläuft. Wenn Gott in dem Kind in der Krippe kommt, vermag der Mensch – im Blick auf das Kind -, bei sich selbst, im eigenen Herzen, anzukommen. Das Kind in der Krippe verweist ihn auf den inneren Raum der Stille, auf die Krippe in seinem Herzen. Dort, wo das göttliche Kind im menschlichen Herzen in der Krippe liegt, ist ein Raum der Stille. Und dort, wo es still ist im Menschen, ist er auch in Frieden mit sich. Dort ist er frei von den lärmenden Stimmen um ihn herum, dort ist er im Einklang mit sich selbst.

Er kommt in Berührung mit dem ursprünglichen

und unverfälschten Bild, das Gott sich von ihm gemacht hat. Wenn ein Mensch mit diesem Bild in Berührung ist, dann muss er nicht zum Frieden ermahnt werden, er ist im Frieden, und der Friede ist in ihm. Dann stimmt alles in ihm zusammen. Es entsteht nicht nur eine Harmonie zwischen Himmel und Erde, sondern auch eine Harmonie der verschiedenen Kräfte im Menschen, die Harmonie seiner Licht- und Schattenseiten, die Harmonie zwischen Geist und Trieb, die Harmonie zwischen seinen spirituellen und weltlichen Seiten.

Lukas hat die Friedensbotschaft der Engel bewusst gegen die römische Ideologie des Friedens gesetzt, wie sie der »Friedenskaiser« Augustus vertreten hat.

Augustus hat zwar überall auf der Erde Frieden geschaffen, aber es war ein kriegerischer Friede, den Völkern mit militärischer Macht aufgezwungen. Gegen diesen Frieden, der mit Macht erkämpft wird, setzt Lukas den Frieden, der von einem hilflosen Kind aus geht.

Es ist ein Friede, der nicht der Macht, sondern der Ohnmacht der Liebe entspringt.

Von der Liebe Gottes, die sich hineingibt in die Armut der Menschen, in die Konflikte der Menschen, in die politische Lage der damaligen Zeit, geht Frieden aus, ein Friede, der letztlich mächtiger ist als der militärisch erkämpfte Frieden, der immer auf wackligen Beinen steht. Das Lied der Engel lässt diesen Frieden in den Herzen der Menschen ankommen. Das Lied beruhigt das innere Chaos der Seele, es schafft Harmonie zwischen den sich widerstreitenden Bedürfnissen des Menschen. Im Lied kommt die Botschaft des Friedens im Herzen an. Da wird sie Wirklichkeit. Da erfahren wir sie. Da ist sie einfach da.

Perugino lässt auf seinem Bild »Maria mit dem Kind« aus dem Jahr 1500 drei Engel die Friedensbotschaft verkünden. Die Dreizahl steht nicht nur für den dreifaltigen Gott, sondern auch für die drei Bereiche im Menschen, für den Bereich des Leibes, der Seele und des Geistes, für den Bereich von Bauch, Herz und Kopf. In alle drei

Bereiche des Menschen hinein wird die Botschaft des
Friedens verkündet, damit der Mensch mit sich eins
wird und so zum Frieden mit sich selbst findet. Wenn
die drei Bereiche des Menschen miteinander im Einklang sind, dann entsteht das, was die Griechen mit
eirene meinten: ein Zusammenklang aller Töne im Menschen, ein Zusammenklang aller Kräfte.

Friede ist nicht etwas Statisches, sondern etwas Lebendiges wie ein Lied.

Da finden die Töne zueinander und erzeugen
eine Harmonie, in der sich die verschiedenen Bereiche
im Menschen nicht mehr bekämpfen, sondern miteinander ein Lied des Friedens erklingen lassen.

9
Gottes
Herz

*Herrlichkeit in den Höhen für Gott
und auf der Erde Friede den Menschen
seines Wohlgefallens!*

LUKAS 2,14

9   Die Engel besingen den Frieden, der in den Menschen des göttlichen Wohlgefallens ist. Manche übersetzen auch: Frieden den Menschen seiner Gnade. Das griechische Wort *eudokia* meint die liebevolle Zuwendung Gottes zu den Menschen hin, das göttliche Wohlwollen dem Menschen gegenüber. In diesem Wort wird deutlich, dass Lukas sich Gott als einen liebevollen Gott mit einem weiten Herzen vorstellt. Gott steht immer schon in Beziehung zum Menschen und möchte durch die Geburt Jesu diese Beziehung vertiefen und den Menschen bewegen, dass auch er sein Herz neu für Gott öffnet. Den Menschen gilt das göttliche Wohlgefallen, das in dem kleinen Kind, das man gar nicht anders als lieben kann, aufleuchtet. Gottes Liebe, Gottes Gnade, Gottes Zärtlichkeit kommt in Jesu Geburt im Herzen des Menschen an. Sie wird sichtbar in dem Kind in der Krippe, sie wird aber auch sichtbar und hörbar im Lichtglanz der Engel und in ihrem Gesang, der das Lied der Liebe in den Herzen der Menschen erklingen lässt.

Gott öffnet in der Geburt seines Sohnes sein Herz.

Im Johannesevangelium wird die Seite Jesu durch den Stich der Lanze des römischen Soldaten am Kreuz durchbohrt, und Blut und Wasser strömen aus dem geöffneten Herzen (Johannes 19,34–35). Johannes versteht es so: Im Tod Jesu am Kreuz hat uns Gott sein offenes Herz gezeigt und uns hineingenommen in sein Herz. Lukas bezieht diese Öffnung des göttlichen Herzens schon auf die Geburt Jesu. Er schildert das Geschehen der Geburt so intim und so zärtlich, dass wir in der Art der Worte und der Erzählung Gottes Herz spüren. Es ist ein liebendes, ein zärtliches Herz, das uns Geborgenheit schenkt, ein Herz an dem wir ruhen möchten wie ein Kind.

Der Gesang der himmlischen Engelscharen, die in der jüdischen Theologie Gottes Hofstaat bilden, verbindet bei der Geburt Jesu das Herz Gottes mit unserem Herzen. Das Lied der von Gott zu uns gesandten Engel lässt uns Gottes Herz erfahren. Der heilige Augustinus hat einmal gesagt: *Cantare amantis est*: »Wer liebt, der singt auch.« Man kann aber auch übersetzen: »Wer singt, der bringt uns in Berührung mit der Liebe«, die auf dem Grund unserer Seele schon da ist. Das Singen lässt die Liebe in unser Bewusstsein steigen, damit wir sie auch spüren und empfinden. Die singenden Engel zeigen uns die Liebe Gottes und bringen sie in unsere Erfahrung. Sie lassen uns die Liebe fühlen. Die Engel sind Boten

Gottes, die Gottes Liebe für uns im Lied erklingen lassen. Sie überbringen uns im Lied über das Geheimnis der Geburt Jesu die Liebe Gottes, damit sie unser Herz berührt und unser Herz öffnet für das weite Herz Gottes.

Der *Meister von Flémalle* hat in seinem Weihnachtsbild aus dem Jahre 1420 das Herz Gottes sichtbar werden lassen in den Herzen der Menschen, die er auf das Kind schauen lässt. Da ist das junge Herz Marias, das in ihrer stillen Gebärde der Anbetung zärtlich aufleuchtet. Da ist das weise Herz, das im Gesicht des alten Josef dargestellt ist, ein Herz, das viel gesehen hat und immer noch voller Liebe ist. Und da ist das Herz, das die Gesichter der drei Hirten widerspiegeln. Sie, die von ihrer Arbeit her nach außen gerichtet sind, schauen hier nach innen: indem sie auf das Kind blicken, sehen sie in ihr eigenes Herz hinein. Und da entdecken sie in sich offensichtlich ein staunendes Herz, ein Herz, das im Schauen zur Ruhe kommt, weil es das Geheimnis selber schaut.

Das Herz Gottes spiegelt sich auch in dem nachdenklichen Gesicht der Hebamme. Sie hat das Kind gesehen, aber jetzt blickt sie nur noch nach innen, in ihr eigenes Herz. Das ist verwandelt worden durch dieses zarte Kind, in dem Gott uns sein Herz geöffnet und gezeigt hat als mitfühlendes Herz, als verwundbares Herz und als zärtliches Herz. Dieses Herz Gottes besingen die drei Engeln in den drei Farben Grün, Rot und Blau. Es ist ein hoffendes Herz, ein liebendes Herz und ein Herz, das offen ist für das Geheimnis. Das Herz Gottes will durch den Gesang der drei Engel auch unser Herz mit Hoffnung, Liebe und Glauben erfüllen.

10
Der
andere Weg

*Und der Stern, den die Magier hatten
aufgehen sehen, zog vor ihnen her,
bis er ankam und über dem Ort stehen blieb,
wo das Kind war. Und da sie im Traum
die Weisung empfingen, nicht zu Herodes
zurückzukehren, zogen sie auf einem
anderen Weg heim in ihr Land.*

AUS MATTHÄUS 2,1–12

10

Im Lukasevangelium bewegen die Engel die Hirten, sich auf den Weg nach Betlehem zu machen, um das Ereignis zu schauen, das sie ihnen verkündet haben. Bei Matthäus bewegen die Engel Magier, Sterndeuter aus dem Orient, Weise, die auf den Gang der Sterne achten, sich auf den noch viel längeren Weg nach Betlehem zu machen. Beide wachen in der Nacht: Die Hirten bewachen ihren Herden, die Magier beobachten die Sterne, um ihre Bilder und Konstellationen zu deuten. Sie nutzen die Nacht, um über die Weisheit der Sterne nachzudenken. Die Sterne sagen ihnen etwas über das Schicksal der Menschen. Sterne zu deuten war wohl eine der frühesten Formen menschlicher Psychologie. Die Sterndeuter machen sich Gedanken über das Geheimnis des Menschen und über Gottes Wirken in dieser Welt. In der Nacht – im Morgenland, weit weg von Bethlehem, dem Geburtsort des Messias – sehen sie einen Stern, der sie nach Jerusalem weist. Es ist eine eigenartige Konstellation, die sie wahrnehmen. Es war wohl das Zusammentreffen von

Jupiter und Saturn, die im Jahr 7 vor Christus – dem wahrscheinlichen Geburtsjahr Jesu – dreimal zusammentrafen. Jupiter ist der Königsstern und Saturn steht für den Schutz Israels. So konnten die Magier aus dem Morgenland erkennen, dass im Westland, in Israel, ein mächtiger König geboren wird. Sie machen sich auf den langen Weg, um dieses Ereignis zu schauen.

Wenn wir heute diesen weiten Weg der Magier aus dem Osten meditieren, ist es für uns ein Weg der Sehnsucht. Das lateinische Wort für Sehnsucht, *desiderium,* kommt ja von den Sternen *(sidera).* Sehnsucht ist das Streben, die Sterne auf die Erde zu bringen, das, was die Sterne ausdrücken, hier auf Erden zu erfahren. Sehnsucht ist die Spur, die Gott in unser Herz gelegt hat, damit wir uns auf den Weg machen, ihn immer mehr zu suchen. Sehnsucht legt eine Spur in unser Herz, der wir unser Leben lang folgen sollen, bis auch wir wie die Magier aus dem Osten niederfallen vor dem einen, der in

Jesus Christus Mensch wird: sichtbar, berührbar, hörbar.

Nach langer Wanderung kommen die Weisen in Jerusalem an und fragen nach dem neugeborenen König der Juden, dessen Stern sie aufgehen sahen. Der regierende König Herodes erschrickt über die Nachricht von dem neugeborenen König. Der mächtige Herrscher bekommt

Angst vor einem Kind. Ein Kind ohne Waffen erschreckt den Herrscher, der sich auf seine militärische Macht stützt. All seine Macht bewahrt ihn nicht vor seiner Angst. Er möchte dieses Kind beseitigen, damit er in seiner Herrschaft unangefochten bleibt. So lässt er die Schriftgelehrten kommen, die die Magier nach Betlehem weisen.

In Betlehem fallen sie nieder vor dem Kind und beten es an. Hier finden sie die Erfüllung ihrer Sehnsucht. Und sie bringen ihm Gaben dar, die zeigen, wie sie dieses Kind verstehen. Sie bringen ihm Gold, Weihrauch und Myrrhe: Gold als Zeichen seiner königlichen Würde; Weihrauch, der zum Himmel steigt, als Zeichen dafür, dass in diesem Kind Gott selbst handelt und Himmel und Erde verbindet; und Myrrhe, ein Heilkraut aus dem Paradies, als Zeichen, dass dieses kleine Kind zum Heiland der Menschen werden wird, der ihre Wunden und Krankheiten heilt.

Als die Magier das Kind angebetet haben, wollen sie wieder nach Hause ziehen. Ihr Weg würde sie über Jerusalem führen. Doch jetzt erscheint ihnen ein Engel im Traum und gebietet ihnen, sie sollten nicht zu Herodes zurückkehren, sondern auf einem anderen Weg heim in ihr Land ziehen. Der Traumengel begründet den Magiern nicht, warum sie nicht zu Herodes

zurückkehren sollen, er befiehlt einfach, einen anderen Weg zu gehen. Und die Magier gehorchen. Auch uns führt ein Engel oft einen anderen Weg. Wir möchten in diese oder jene Stadt, zu diesem oder jenem Menschen gehen. Aber ein Engel stellt sich uns in den Weg. Irgendetwas geschieht in unserem Leben, das uns davon abhält. Eine Krankheit hält uns ab, eine geplante Reise anzutreten, oder ein Anruf zeigt uns, dass ein beabsichtigter Besuch jetzt doch nicht an der Zeit ist.

In all diesen kleinen Ereignissen unseres Alltags spricht oft ein Engel zu uns. Oder aber er erscheint uns im Traum und zeigt uns, dass wir den Weg ändern sollen, auf dem wir gehen. Manchmal zeigt uns der Engel

durch Träume, in denen wir uns verirren oder kein Ziel finden, dass unser Weg in die Irre geht. Dann will der Engel auch uns sagen: Zieh auf einem andern Weg in dein Land. Suche den Weg, der wirklich zu dir nach Hause führt, der in dein Herz führt. Du irrst herum auf dieser Welt. Du sollst bei dir ankommen. Dann kommst du auch bei Gott an, der in deinem Herzen wohnt.

Der Engel auf dem Bild von *Dieric Bouts* aus dem Jahre 1464 stellt den Engel dar, der den Propheten Elija auf seinem Weg stärkt (1 Könige 19). Dieser biblische Engel hat eine ganz ähnliche Aufgabe wie der Engel, der den Magier erschien: Er weist den Weg. Elija ist einen Weg gegangen, der ihn an einen Tiefpunkt geführt hat. Zu Beginn war es ein Weg voller Erfolge. Er hat allein die 450 Baalspriester besiegt. Doch als ihn Königin Isebel verfolgt, überfällt ihn Angst, und er flieht in die Wüste. Zunächst versucht er, durch die Flucht sein Leben zu retten, doch dann will er auf einmal sterben. Denn er erkennt, dass er auch nicht besser ist als seine Väter. So legt er sich nieder, um für immer einzuschlafen in der Wüste. Doch ein Engel des Herrn hindert ihn daran. Er rührt ihn an und spricht zu ihm: »Steh auf uns iss!« (1 Könige 19,5). Elija isst und trinkt und legt sich hin, um von Neuem einzuschlafen. Da weckt ihn der Engel auf und spricht zum zweiten Mal: »Steh auf, iss! Denn sonst ist der Weg zu weit für dich« (1 Könige 19,7). Da steht Elija auf und wandert vierzig Tage durch die Wüste zum Gottesberg Horeb. Dort gibt Gott sich ihm zu erkennen, nicht in Sturm, Erdbeben oder Feuer, sondern in der leisen Stimme verschwebenden Schweigens.

Der Engel weist ihn auf einen anderen Weg.

Er soll seine Flucht vor sich selbst aufgeben. Er soll den Weg des Ehrgeizes lassen und sich auf den Weg der Stille einlassen, damit er den wahren Gott vernehmen kann. Mitten auf Wegen, die wir wie Elija vielleicht für gottgemäß halten, weist uns der Engel auf einen anderen Weg, einen stilleren, unscheinbareren Weg, einen Weg in das wahre Geheimnis des unbegreiflichen Gottes hinein.

11
Rettung
aus Gefahr

*Nachdem die Magier aufgebrochen waren,
erschien dem Josef ein Engel des Herrn
im Traum und sprach: Steh auf, nimm das Kind
und seine Mutter und flieh nach Ägypten
und bleib dort, bis ich es dir sage;
denn Herodes will nach dem Kind suchen,
um es zu töten.*

MATTHÄUS 2,13−18

11 Als die Sterndeuter wieder heimgezogen waren, erscheint von Neuem ein Engel des Herrn dem Josef im Traum. Er befiehlt ihm: »Steh auf, nimm das Kind und seine Mutter und flieh nach Ägypten und bleib dort, bis ich es dir sage; denn Herodes will nach dem Kind suchen, um es zu töten« (Matthäus 2,13) Der Engel ergreift die Initiative. Er weiß um die Gefahr, in der das Kind schwebt. So gibt er Josef den Befehl, nach Ägypten zu fliehen, und kündet zugleich an, dass er wieder zu ihm sprechen wird. Der Engel wird ihn also auf seinem künftigen Weg beglei-ten, Josef kann sich auf ihn verlassen. Er wird bei ihm bleiben und ihm immer wieder im Traum erscheinen, um ihm die nächsten Schritte zu verkünden. Der Engel gibt Josef einen Befehl. Aber er begründet diesen Befehl auch. Er verweist auf den grausamen König Herodes, der aus Angst, sein Thron könnte ihm genommen wer-den, den Knaben töten will. Das Kind wird in politisch unsichere Verhältnisse hinein geboren. Wenn Gott in diese Welt tritt, dann ist nicht alles heil und schön; vielmehr werden die alten Herrschaftsverhältnisse infrage gestellt, und sie wehren sich. Herodes möchte unbedingt seine Macht behalten. Er will das Kind beseitigen, weil er erkennt, dass es seine Ideologie von Macht und Herrschaft grundlegend infrage stellt.

Josef gehorcht dem Befehl des Engels unmittelbar.

Noch mitten in der Nacht steht er auf und flieht mit dem Kind und dessen Mutter nach Ägypten. Der Engel entzieht das Kind dem Machtbereich des Herodes. Er stärkt Josef, dass er es wagt, mitten im Dunkel aufzubrechen. Gerade beteten noch königliche Weise das Kind an und brachten ihm reiche Geschenke, jetzt schlägt die Situation von einem Augenblick auf den andern um. Sofort muss Josef fliehen, um das Kind, seine Mutter und sich selbst außer Gefahr zu bringen. Der Engel ist in seinem Befehl so eindeutig, dass Josef ihm unmittelbar folgt. Da gibt es keine Diskussionen mit der Stimme des Engels. Josef gehorcht und tut, was der Engel befiehlt.

Der Engel begleitet nicht nur Josef, sondern auch das Kind und seine Mutter. Indem er Josef erscheint und ihm Weisung erteilt, schafft er einen Schutzraum für das Kind und für die Mutter. Der Engel will das Kind vor seinen Feinden bewahren und ihm einen Raum anbieten, in dem es geschützt aufwachsen kann, in dem es ganz zu sich selbst finden kann. Dieser Raum ist hier jedoch die Fremde. Ägypten verweist zum einen auf die Gefangenschaft und Versklavung Israels und auf Mose, der Gottes Volk aus dem Sklavenhaus herausgeführt hat. Matthäus schildert Jesus als den neuen Mose: Wie es in der Bibel fünf Bücher Mose gibt, so wird Jesus als Lehrer fünf große Reden halten und so das alte Gesetz neu für die Menschen auslegen. Ägypten war zum anderen ein Zufluchtsort für Menschen, die in Israel in Gefahr gerieten.

Das göttliche Kind muss in die Fremde. Aber es lernt dort auch die Weisheit der Menschen, denn Ägypten galt auch als Land der Zauberei und der Weisheit. Das gerettete Kind wächst heran in einem Umfeld, in dem menschliche Weisheit gelehrt wird. Schon unmittelbar nach seiner Geburt wird sein Horizont erweitert, es hat Teil an der Weisheit der Welt und wird diese Weisheit der Menschen mit göttlicher Weisheit durchdringen.

Der Engel rettet das Kind aus der Gefahr, die durch den Hass und die Angst des Herodes entstanden ist.

Die Erfahrung des Engels, der uns aus einer Gefahr rettet, dürfen wir in unserem Leben immer wieder machen. Da schützt uns ein Engel vor einem Unfall. Er lässt uns gerade rechtzeitig zum Stehen kommen. Oft wirkt der

Engel im Traum oder mitten am Tag in unserem Unbewussten. Er gibt uns den rettenden Impuls, dass wir der Gefahr entrinnen. Der Engel, der dem Josef im Traum erschienen ist, taucht immer wieder auch mitten in unserem Alltag auf, um uns vor der Gefahr zu bewahren, die uns aus heiterem Himmel droht. Es ist ein Engel, auf den wir uns verlassen können. Er wird immer wieder zu uns kommen und zu uns reden, so wie er es dem Josef versprochen hat.

Auf dem Bild, das *Anton Raphael Mengs* im Jahr 1773 gemalt hat, kommt der Engel dem sinnenden Josef ganz nahe. Der Engel umgibt ihn gleichsam schützend, er bildet einen Schutzraum um ihn. In diesem Schutzraum ist es Josef möglich aufzustehen. Denn der Engel, der ihn im Schlaf umgibt, wird ihn auch auf seiner Flucht umgeben. Er wird mit der einen Hand die Gefahren abwehren und mit der anderen Hand den Weg weisen, wie es weitergeht, wie Josef mit dem Kind und seiner Mutter der Gefahr entfliehen kann. Es ist ein kraftvoller Josef, den der Künstler hier gemalt hat, ein Mann, der seiner Familie Sicherheit schenken kann. Aber er braucht den Engel, damit das, was er mit seiner Kraft tut, auch gesegnet ist und zum Segen wird für die Familie. Anton Raphael Mengs hat auf seinem Bild »Der Traum des heiligen Josef« einen zärtlichen Engel darge-stellt, der Josef nicht im Schlaf erscheint, sondern als er in sich versunken nachsinnt. Es scheint, als ob Josef über das Geheimnis seines Kindes nachdenkt. Der Engel naht sich ihm zärtlich und liebevoll. Mit der lin-ken Hand zeigt der Engel Verständnis für die Überle-gungen des Josef. Doch mit seiner rechten Hand weist er ihm eindeutig den Weg. Er soll aufbrechen und nach Ägypten ziehen. Die Bibel berichtet, dass Josef sofort aufstand und dem Befehl des Engels folgte: Das Bild zeigt uns, dass es wohl nicht so leicht war für Josef, sich immer wieder auf neue Botschaften des Engels einzu-lassen.

Das liebevolle Gesicht des Engels

drückt aus, dass Gott es gut meint mit Josef und seiner Familie. Er schickt den Engel, um ihn und das Kind zu retten vor dem Zugriff des Herodes. Die Gestalt des

Engels vermittelt den liebevollen Schutz, unter dem Josef, Maria und das Kind stehen werden. Es ist ein Schutz, der aus aller Gefahr rettet und der nicht nur den Josef, sondern auch uns, die dieses Bild betrachten, in aller Gefahr behütet.

12
Befreite Rückkehr

Als Herodes gestorben war, erschien dem Josef
in Ägypten ein Engel des Herrn im Traum
und sagte: Steh auf, nimm das Kind
und seine Mutter und zieh in das Land Israel.
Nachdem er aber im Traum eine Weisung empfangen
hatte, zog er in das Gebiet von Galiläa.

AUS MATTHÄUS 2,19–23

12 Der Engel hält Wort. In Ägypten erscheint er dem Josef wiederum im Traum und verkündet ihm, dass die, die dem Kind nach dem Leben getrachtet haben – Herodes und seine Mächtigen –, tot sind. Der Engel befiehlt wiederum in kurzen Worten, er solle aufstehen, das Kind und seine Mutter nehmen und in das Land Israel ziehen. Josef tut es. Er ist wieder gehorsam. Aber dieser Gehorsam wird ihm durch die Begründung, dass Herodes gestorben ist, leicht gemacht. Die Freude über die Heimkehr wird jedoch unterwegs getrübt, als Josef hört, dass in Judäa Archelaus, der Sohn des Herodes, an die Macht gekommen ist. Archelaus gilt als unbeliebter und grausamer Herrscher. Er ist gegen den Widerstand der Juden zur Herrschaft gelangt. Aber Josef ist der Weisung des Engels gehorsam und hofft, dass die Rückkehr für das Kind und die Mutter gut ausgehen werden.

Doch der Engel nimmt seine Angst ernst. Er erscheint ihm auf dem Weg nochmals. Auf den Befehl des Engels hin ändert Josef seine Reiseroute. Er zieht nicht nach Judäa, in das Gebiet des verhassten Archelaus, vor dem das Kind nicht sicher war, sondern nach Galiläa. Dort regierte Philippus, ein menschenfreundlicherer Herrscher. In Nazaret, einer unbedeutenden Stadt, lässt sich Josef mit dem Kind und der Mutter nieder. Doch gerade darin erfüllt sich die Verheißung Gottes.

Josef folgt auf seinem Weg den Weisungen des Engels. Auch wenn er sie

nicht sofort versteht, handelt er danach. Und alles fügt sich, alles geschieht nach dem Willen Gottes. Gottes Willen bewirkt mitten in unsicheren und gewaltsamen politischen Verhältnissen Heil. Gott lässt seinen Sohn in einem unbedeutenden Ort Galiläas aufwachsen, um von hier aus die ganze Welt mit seiner Botschaft zu durchdringen und zu verwandeln.

Fünfmal erscheint der Engel in der

Geburtsgeschichte Jesu nach dem Matthäusevangelium. Die Zahl fünf verweist auf die fünf Bücher des Mose, den Matthäus als »Voraus-Bild« Jesu versteht. Matthäus liebt die Zahl fünf. Er erwähnt fünf Frauen im Stammbaum Jesu, und er erzählt die Geburt Jesu in fünf Episoden. Die Zahl Fünf hat in der Symbolik darüber hinaus noch andere Bedeutungen, vor allem symbolisiert die Fünf den Überschritt ins Göttliche. In dem Kind, das vom Engel geschützt wird, wird Gott selbst sichtbar. Es ist der Immanuel, der Gott mit uns. Gott selbst erscheint uns in dem Kind. In ihm schenkt Gott uns Menschen die Möglichkeit, uns für Gott zu öffnen, das Irdische ins Göttliche, die Welt in Gott hinein zu übersteigen. In dem Kind Jesus erscheint uns Gottes Liebe, die stärker ist als alle irdische Macht. In ihm wird Gott alle unsere Wege mitgehen. So wird dieses göttliche Kind, in dem unser Leben auf Gott hin geöffnet wird, es uns am Ende des Matthäusevangeliums verheißen: »Seid gewiss: Ich bin bei euch alle Tage bis ans Ende der Welt« (Matthäus 28,20).

Der Engel auf dem Bild des *Giotto di Bondone* aus dem Jahr 1303 erscheint dem schlafenden Joachim, dem Vater Marias. Nach der Legende waren Joachim und Anna, seine Frau, kinderlos geblieben. Der Engel erscheint Joachim, der bei seinen Herden schläft, im Traum und kündet ihm die Geburt einer Tochter an. So wie hier der Engel auf den schlafenden Joachim zufliegt, können wir uns vorstellen, wie der Engel dem schlafenden Josef begegnet. Er ist hineingeflogen in seine Nacht, er hat Licht ins Dunkel gebracht.

Mitten in der Nacht entsteht durch die Botschaft des Engels Klarheit über die Zukunft. Der Engel, der auf den schlafenden Josef zufliegt, ebnet ihm den Weg, den er mit dem Kind und seiner Mutter gehen soll. Er behält die Übersicht. Er weist den Weg auch dann, wenn Gefahren drohen. Es wird ein Weg, der immer vom Engel begleitet sein wird.

Der Engel – so verkündet es uns das Matthäusevangelium – begleitet auch uns auf dem Weg der Rückkehr zu uns selbst, zu unseren Wurzeln. Es ist kein Rückschritt ins Alte, sondern eine befreite Rückkehr. Wir kehren in unsere Heimat zurück, aber auch die Heimat hat sich gewandelt. Judäa kann für das Kind keine Heimat mehr sein, Josef nimmt es mit nach Galiläa. Galiläa galt zur Zeit Jesu als Mischland, als Land, in dem fromme Israeliten zusammen mit Heiden wohnten. Wenn Jesus in Galiläa aufwächst und dort zuerst seine Botschaft verkündet, dann ist das ein Bild für uns: Wir selbst sind Galiläa. In uns sind fromme und heidnische

Seiten, wir sind Glaubende und zugleich Nichtglaubende. Wir sind von Gott erfüllt, haben in uns aber auch gottlose Bereiche. Mitten in diesem Mischland unserer Seele will Christus heranwachsen, damit er alle Bereiche unseres Leibes und unserer Seele mit seiner Botschaft erfüllt, mit seinem Licht. Matthäus hat das Geheimnis, dass Jesus ausgerechnet in Galiläa aufwächst und auftritt, als Erfüllung der prophetischen Worte Jesajas verstanden: »So erfüllte sich das Wort des Propheten Jesaja: Das Land Sebulon und das Land Naftali, das Land am Meer, das Land jenseits des Jordan, das heidnische Galiläa: das Volk, das im Finstern saß, sah ein großes Licht; über denen, die im Land und Schatten des Todes saßen, ist ein Licht aufgegangen« (Matthäus 4,14–16).

Josef lässt sich nieder an einem neuen, unbedeutenden Ort. Der Engel führt uns nach Hause, er begleitet uns auf unserem Weg – aber auf dem Weg zeigt er uns immer wieder neu, wie es weitergeht, und da kann er unsere Zielrichtung ändern. Es kommt darauf an, dass wir sensibel sind für seine Weisungen. Dann werden wir erkennen, wo wir uns niederlassen sollen, wo ein Raum ist, in dem wir aufwachsen, reifen und zu uns selbst kommen. Das Neue geschieht oft an einem verborgenen Ort, in Nazaret, das damals keinen großen Namen hatte.

Nicht der äußere Glanz, nicht der äußere Erfolg sagt etwas über unsere Berufung aus, sondern der Ruf, den Gott durch den Engel immer wieder an uns richtet. Er weist uns den Weg, damit auch wir *Immanuel* werden, ein Mensch, in dem Gott Wohnung genommen hat, in dem Gottes Licht in die Dunkelheit dieser Welt leuchten möchte, ein Mensch, von dem – wie bei Jesus – etwas Heilendes ausgehen möchte für diese Welt.

Liebe Leserinnen und Leser!

Sie haben die Bilder der Engel angeschaut. Sie haben die Gedanken gelesen, die ich dazu aufgeschrieben habe. Und Sie haben vielleicht die Musik gehört, die Hans-Jürgen Hufeisen dazu komponiert hat. So vertraue ich darauf, dass die Engel, die Maria und Josef, dem Zacharias und den Hirten und Magiern erschienen sind, auch Ihnen begegnen, dass die Engel auch in Ihr Leben Licht und Klarheit, Freude und Liebe bringen. Sie können diese Gefühle nicht festhalten. Aber wenn Sie mitten im Alltag immer wieder nach innen schauen, dann werden Sie auf dem Grund Ihrer Seele den Engel erfahren, der Sie mit dieser Freude und Liebe in Berührung bringt, die schon in Ihnen sind. Der Engel ist bei Ihnen. Sie brauchen nur die Augen zu öffnen, dann werden Sie ihn an Ihrer Seite sehen. Der Engel wird zu Ihnen sprechen durch einen inneren Impuls, durch einen Menschen, der Sie berührt, durch eine Lichterfahrung und durch die Bilder und die Musik, die Sie in sich eindringen lassen.

Halten Sie immer wieder inne. Horchen Sie nach innen. Dann entdecken Sie in sich selbst den Raum des Himmels. Dort – auf dem Grund Ihrer Seele, der zugleich der Himmel ist, der sich über Sie wölbt – begegnen Sie dem Engel, der mit seinen Flügeln auch Ihre Seele beflügeln möchte. Dann werden Sie sich leichter fühlen und mitten in der Schwere des Alltags die Leichtigkeit der Engel erspüren. Das verwandelt Ihr Leben genauso, wie die Geburt Jesu unser Leben für immer verwandelt hat.

Ihr Anselm Grün

Die biblischen Weihnachtserzählungen

In den Tagen des Herodes, des Königs von Judäa, lebte ein Priester namens Zacharias aus der Priesterklasse des Abija. Seine Frau stammte aus dem Geschlecht Aarons und ihr Name war Elisabet. Beide waren gerecht vor Gott, lebten streng nach allen Geboten und Satzungen des Herrn. Sie hatten kein Kind, weil Elisabet unfruchtbar war, und beide waren schon in vorgerücktem Alter. Eines Tages, als er nach der Ordnung seiner Klasse Priesterdienst vor Gott tat, traf ihn nach dem Brauch der Priesterschaft das Los, in den Tempel des Herrn einzutreten und das Rauchopfer darzubringen. Das ganze Volk aber stand zur Stunde des Rauchopfers draußen und betete. Da erschien ihm ein Engel des Herrn, der zur Rechten des Rauchopferaltars stand. Zacharias erschrak, als er ihn sah, und Furcht überfiel ihn. Doch der Engel sagte zu ihm: Fürchte dich nicht, Zacharias; denn dein Gebet ist erhört worden. Elisabet, deine Frau, wird dir einen Sohn gebären und du sollst ihm den Namen Johannes geben. Er wird dir Freude und Jubel sein und viele werden sich über seine Geburt freuen;

denn er wird groß sein vor dem Herrn. Wein und (andere) berauschende Getränke wird er nicht trinken; schon vom Mutterschoß an wird er mit Heiligem Geist erfüllt werden und viele Söhne Israels wird er zum Herrn, ihrem Gott, bekehren. Er wird ihm mit Geist und Kraft des Elija vorangehen und die Herzen der Väter den Kindern zuwenden und Ungehorsame zur Einsicht der Gerechten, um so dem Herrn ein bereites Volk zu schaffen. Zacharias sagte zu dem Engel: Woran soll ich dies erkennen? Denn ich bin alt und meine Frau ist in vorgerücktem Alter. Der Engel antwortete ihm: Ich bin Gabriel, der vor Gott steht, und ich bin gesandt, zu dir zu reden und dir diese frohe Botschaft zu bringen. Aber, du wirst stumm sein und nicht sprechen können bis zu dem Tag, an dem dies geschehen wird, weil du meinen Worten nicht geglaubt hast, die sich zu ihrer Zeit erfüllen werden. Inzwischen wartete das Volk auf Zacharias; sie wunderten sich, dass er so lange im Heiligtum verweilte. Als er dann heraustrat, konnte er nicht zu ihnen reden. Da erkannten sie, dass er im Heiligtum eine Erscheinung gehabt hatte. Er gab ihnen Zeichen und blieb stumm.

Als die Tage seines Dienstes zu Ende waren, kehrte er nach Hause zurück. Bald darauf empfing seine Frau Elisabet und hielt sich fünf Monate verborgen. Sie sagte: So hat der Herr an mir getan zu der Zeit, als er auf mich schaute, um meine Schmach bei den Menschen wegzunehmen.

LUKAS 1,5–25

Im sechsten Monat wurde der Engel Gabriel von Gott in eine Stadt in Galiläa namens Nazaret zu einer Jungfrau gesandt, die mit einem Mann namens Josef aus dem Haus Davids verlobt war. Der Name der Jungfrau war Maria. Er trat bei ihr ein und sagte: Sei gegrüßt, du Begnadete, der Herr ist mit dir. Sie erschrak über das Wort und sann nach, was dieser Gruß bedeuten solle. Der Engel sagte zu ihr: Fürchte dich nicht, Maria; denn du hast bei Gott Gnade gefunden. Du wirst ein Kind empfangen, einen Sohn wirst du gebären; ihm sollst du den Namen Jesus geben. Er wird groß sein und Sohn des Höchsten genannt werden. Gott, der Herr, wird ihm den Thron seines Vaters David geben. Er wird herrschen über das Haus Jakob in Ewigkeit, und seine Herrschaft wird kein Ende haben. Maria sagte zu dem Engel: Wie soll dies geschehen, da ich keinen Mann erkenne? Der Engel antwortete ihr: Heiliger Geist wird über dich kommen und Kraft des Höchsten wird dich überschatten. Deshalb wird auch das Kind heilig und Sohn Gottes genannt werden. Auch Elisabet, deine Verwandte, hat noch einen Sohn empfangen in ihrem Alter und dies ist schon der sechste Monat für sie, die als unfruchtbar galt. Denn für Gott ist nichts unmöglich. Da sagte Maria: Ich bin die Magd des Herrn; mir geschehe nach deinem Wort.
Dann verließ sie der Engel.

LUKAS 1,26–38

Mit der Geburt Jesu Christi verhielt es sich so: Als seine Mutter Maria mit Josef verlobt war, fand es sich, noch bevor sie miteinander lebten, dass sie schwanger war aus Heiligem Geist. Da aber Josef, ihr Mann, gerecht war und sie nicht bloßstellen wollte, gedachte er, sie im stillen zu entlassen. Während er noch darüber nachdachte, erschien ihm ein Engel des Herrn im Traum und sprach zu ihm: Josef, Sohn Davids, scheu dich nicht, Maria, deine Frau, zu dir zu nehmen; denn was sie empfangen hat, ist aus Heiligem Geist. Sie wird einen Sohn gebären, ihm sollst du den Namen Jesus geben; denn er wird sein Volk von seinen Sünden erlösen. Dies alles ist geschehen, damit das Wort des Herrn in Erfüllung geht, das er durch den Propheten gesprochen hat: *Seht, die Jungfrau wird schwanger werden und einen Sohn gebären, und man wird ihm den Namen Immanuel geben, das heißt übersetzt: Gott mit uns.* Als nun Josef vom Schlaf erwachte, tat er, wie der Engel des Herrn ihm aufgetragen hatte, und nahm seine Frau zu sich. Er erkannte sie aber nicht, bis sie einen Sohn geboren hatte. Und er gab ihm den Namen Jesus.

MATTHÄUS 1,18–25

In jenen Tagen erging ein Erlass des Kaisers Augustus, den ganzen Erdkreis in Steuerlisten einzutragen. Diese Aufzeichnung war die erste und geschah, als Quirinius Statthalter von Syrien war. Alle gingen hin, sich eintragen zu lassen, ein jeder in seine Stadt. Auch Josef zog von der Stadt Nazaret in Galiläa hinauf nach Judäa in die Stadt Davids, die Betlehem heißt. Denn er war aus dem Haus und Geschlecht Davids. Er wollte sich mit Maria eintragen lassen, seiner Frau, die schwanger war. Während sie dort waren, kam für Maria die Zeit ihrer Niederkunft, und sie gebar ihren Sohn, den Erstgeborenen, wickelte ihn in Windeln und legte ihn in eine Krippe, weil in der Herberge kein Platz für sie war. In derselben Gegend waren Hirten auf dem Feld, die bei ihrer Herde Nachtwache hielten. Da trat der Engel des Herrn zu ihnen, und die Herrlichkeit des Herrn umstrahlte sie, und sie fürchteten sich sehr. Der Engel aber sagte zu ihnen: Fürchtet euch nicht! Denn ich verkünde euch eine große Freude, die dem ganzen Volk zuteil werden soll. Heute ist euch in der Stadt Davids der Retter geboren, nämlich der Messias, der Herr. Und dies soll euch das Zeichen sein: Ihr werdet ein Kind finden, in Windeln gewickelt und in einer Krippe liegend. Und plötzlich war bei dem Engel eine Menge himmlischer Heerscharen, die Gott lobten und sprachen: Herrlichkeit in den Höhen für Gott und auf der Erde Friede den Menschen seines Wohlgefallens!

Als die Engel von ihnen in den Himmel gegangen waren, sagten die Hirten zueinander: Lasst uns nach Betlehem gehen und sehen, was geschehen ist und was der Herr uns kundgetan hat. Sie kamen eilends hin und fanden Maria und Josef und das Kind, das in der Krippe lag. Als sie es sahen, berichteten sie von dem Wort, das ihnen über dieses Kind gesagt worden war. Und alle, die es hörten, wunderten sich über das, was ihnen von

den Hirten erzählt wurde. Maria aber bewahrte alle
diese Worte und erwog sie in ihrem Herzen. Die Hirten
kehrten zurück, priesen und lobten Gott für alles, was
sie gehört und gesehen hatten, so wie es ihnen gesagt
worden war.

LUKAS 2,1–20

Als nun Jesus geboren war, zu Betlehem im Land
Juda in den Tagen des Königs Herodes, da kamen
Magier aus dem Osten nach Jerusalem und fragten: Wo
ist der neugeborene König der Juden? Wir haben seinen
Stern aufgehen sehen und sind gekommen, ihm zu hul-
digen. Als König Herodes das hörte, erschrak er und
ganz Jerusalem mit ihm. Er ließ alle Hohenpriester und
Schriftgelehrten des Volkes zusammenkommen und
forschte sie aus, wo der Messias geboren werden solle.
Sie antworteten ihm: In Betlehem in Judäa. Denn so
steht beim Propheten geschrieben: *Du, Betlehem im Land
Juda, bist keineswegs die geringste unter den führenden Städten
Judas; denn aus dir wird ein Herrscher hervorgehen, der mein
Volk Israel weiden wird.*
Da rief Herodes die Magier heimlich zu sich und
horchte sie aus, wann ihnen der Stern erschienen war.
Dann schickte er sie nach Betlehem und sagte: Geht
und forscht sorgfältig nach dem Kind; und sobald ihr es
gefunden habt, lasst es mich wissen, damit auch ich
komme und ihm huldige. Nachdem sie den König
angehört hatten, brachen sie auf. Und der Stern, den sie
hatten aufgehen sehen, zog vor ihnen her, bis er ankam

und über dem Ort stehen blieb, wo das Kind war. Als sie den Stern erblickten, hatten sie eine überaus große Freude. Sie traten in das Haus ein und sahen das Kind mit Maria, seiner Mutter, fielen nieder und huldigten ihm. Dann öffneten sie ihre Schätze und brachten ihm Geschenke dar, Gold, Weihrauch und Myrrhe. Und da sie im Traum die Weisung empfingen, nicht zu Herodes zurückzukehren, zogen sie auf einem anderen Weg heim in ihr Land.

MATTHÄUS 2,1–12

Nachdem sie aufgebrochen waren, erschien dem Josef ein Engel des Herrn im Traum und sprach: Steh auf, nimm das Kind und seine Mutter und flieh nach Ägypten und bleib dort, bis ich es dir sage; denn Herodes will nach dem Kind suchen, um es zu töten. Da stand er auf, nahm in der Nacht das Kind und seine Mutter und floh nach Ägypten. Dort blieb er bis zum Tod des Herodes. So sollte das Wort in Erfüllung gehen, das der Herr durch den Propheten gesprochen hatte: *Aus Ägypten habe ich meinen Sohn gerufen.*
Als Herodes sich nun von den Weisen hintergangen sah, geriet er in heftigen Zorn, sandte aus und ließ in Betlehem und der ganzen Umgebung alle Knaben im Alter von zwei Jahren und darunter töten, genau der Zeit entsprechend, nach der er die Magier ausgeforscht hatte. Da erfüllte sich das Wort, das durch den Propheten Jeremia gesprochen worden war: *Eine Stimme hörte man in Rama, viel Weinen und Wehklagen: Rahel weinte um*

ihre Kinder und wollte sich nicht trösten lassen, weil sie nicht mehr sind.

Als Herodes gestorben war, erschien dem Josef in Ägypten ein Engel des Herrn im Traum und sprach: Steh auf, nimm das Kind und seine Mutter und zieh in das Land Israel; denn die dem Kind nach dem Leben getrachtet haben, sind gestorben. Da stand er auf, nahm das Kind und seine Mutter und zog in das Land Israel. Als er aber hörte, dass Archelaus anstelle seines Vaters über Judäa herrschte, fürchtete er sich, dorthin zu gehen. Nachdem er aber im Traum eine Weisung empfangen hatte, zog er in das Gebiet von Galiläa. Er kam in eine Stadt namens Nazaret und nahm dort Wohnung. So sollte sich das Wort der Propheten erfüllen: *Er wird Nazoräer genannt werden.*

MATTHÄUS 2,13–23

Bibelstellenverzeichnis

Bildquellenverzeichnis

1 MELOZZO DA FORLI (1438–1494), *Engel der Verkündigung*
Tempera auf Holz, 1466
Florenz, Galleria degli Uffizi

2 SIMONE MARTINI 1280/85–1344, *Verkündigung an Maria,*
Detail
Auf Holz, 1333
Florenz, Galleria degli Uffizi

3 FERDINAND BOL (1616–1680), *Jakobs Traum*
Öl auf Leinwand, 1644
Dresden, Gemäldegalerie Alte Meister

4 TADDEO GADDI (1300–1366), *Verkündigung an die Hirten*
Fresko aus dem Zyklus zum Marienleben, 1332
Florenz, S. Croce, Cappella Baroncelli

5 SANDRO BOTTICELLI (1445–1510), *Geburt Christi*
Öl auf Leinwand, 1500
London, National Gallery

6 EL GRECO (1541–1614), *Anbetung der Hirten*
Öl auf Leinwand, 1597
Bukarest, Staatliches Kunstmuseum

7 **HUGO VAN DER GOES** (1440–1482), *Anbetung der Hirten,* Detail
Tempera auf Holz, Mittelteil des Portinari-Altars, 1476
Florenz, Galleria degli Uffizi

8 **PERUGINO** (1445/48–1523), *Maria mit dem Kind,* Detail
Mittelteil eines Triptychons. Auf Holz, 1500
Washington, National Gallery of Arts

9 **MEISTER VON FLÉMALLE** (Robert Campin 1375/80–1444),
Anbetung der Hirten
Öl auf Eichenholz 1420
Dijon, Musée des Beaux-Arts

10 **DIERIC BOUTS** (1410/20 –1475), *Speisung des Elija*
Rechter Seitenflügel des »Abendmahlsaltars«. Auf Holz ,1464
Leuven, St. Peter

11 **ANTON RAPHAEL MENGS** (1728–1779), *Der Traum des heiligen
Josef*
Öl auf Eichenholz, 1773
Wien, Kunsthistorisches Museum

12 **GIOTTO DI BONDONE** (1266–1337), *Der Traum des Joachim*
Freskenzyklus mit Szenen aus dem Leben Mariens und Christi,
1303
Padua, Cappella degli Scrovegri

Alle Bildvorlagen: © AKG-images, Berlin.
Alle Rechte vorbehalten

Zum Autor

Dr. Anselm Grün OSB, geboren am 14. Januar 1945 in Junkershausen und in der Nähe von München aufgewachsen, ist Mitglied des Benediktinerordens und wohl einer der bekanntesten Ordensleute im deutschsprachigen Raum. 1964 trat er ins Noviziat an der nahe gelegenen Benediktiner-Abtei Münsterschwarzach ein. Er studierte Philosophie und Theologie in St. Ottilien und in Rom und in Nürnberg Betriebswirtschaftslehre. Heute leitet er die wirtschaftlichen Belange seines Klosters als Cellerar.

Pater Anselm Grün ist als Referent zu spirituellen Themen, geistlicher Berater und Kursleiter für Meditation, Kontemplation und Fasten vielen Menschen bekannt. Als Autor spiritueller Bücher aber noch mehr. Er ist heute wohl der meistgelesene christliche Autor unserer Zeit. Über 15 Millionen Exemplare seiner Bücher sind weltweit verbreitet und in über 30 Weltsprachen übersetzt.

Im Internet: www.einfach-leben-brief.de

Von Anselm Grün erschienen im Verlag Herder
unter anderem:

50 Engel für das Jahr. Ein Inspirationsbuch
Herder spektrum Taschenbuch Band 4902
ISBN 978-3-451-04902-6

50 Engel für die Seele
Herder spektrum Taschenbuch Band 5277
ISBN 978-3-451-05277-4

Engel für das Leben
Herder spektrum Taschenbuch Band 5908
ISBN 978-3-451-05908-7

Jeder Mensch hat einen Engel
Herder Spektrum Taschenbuch Band 4885
ISBN 978-3-451-04885-2

Das kleine Buch der Engel.
Hg. von Anton Lichtenauer
Herder Spektrum Taschenbuch Band 7102
ISBN 978-3-451-07102-7

Frohe Weihnachten mit Anselm Grün
Gebunden mit Leseband,
Gold- und Silberprägung
ISBN 978-3-451-31055-3

Hans-Jürgen Hufeisen
»Weihnachtsengel«

Hans-Jürgen Hufeisen
Weihnachtsengel
Musikalische Bilder
CD Hörbuch
1 CD | 55 Minuten
ISBN 978-3-451-31896-2

In 12 musikalischen Bildern begleitet uns der
Blockflöten-Virtuose Hans-Jürgen Hufeisen durch die
Weihnachtszeit. In der Weihnachtsgeschichte begeg-
nen uns Engel an zahlreichen Stellen: Ein Engel kündigt
der jungen Mutter die Geburt des Sohnes an, Engel ver-
künden den Hirten den neugeborenen Erlöser und
Engel warnen die Weisen aus dem Morgenland vor der
Hinterlist des Königs. Zu diesen Bildern hat Hufeisen,
angeregt von den Meditationstexten Pater Anselm
Grüns, wunderschöne Melodie-Meditationen neu kom-
poniert. Der Klang seiner Flöte öffnet und weitet das
Herz.

Hans-Jürgen Hufeisen, wuchs bis 1972 im Kinderdorf Neukirchen-Vluyn auf, studierte von 1972 bis 1977 Blockflöte, Musikpädagogik und Komposition an der Folkwang-Musikhochschule Essen. Währendessen war er von 1974 bis 1978 als Referent für musisch-kulturelle Bildung der Evangelischen Landeskirche in Württemberg tätig. In dieser Zeit legte er 1981 sein Konzertexamen an der Hochschule für Musik in Karlsruhe bei Gerhard Braun ab. Seit 1991 arbeitet er freischaffend als Komponist, Produzent und Musiker. Der Künstler lebt heute in Zürich.

Hans Jürgen Hufeisen hat sich über die Jahrzehnte zu einem der virtuosesten Blockflötisten Europas entwickelt. Nebst der ganzen Blockflötenfamilie – vom Sopranino bis zum Subbass – kommen in seinen Kompositonen weitere Instrumente wie Klavier, Saxophon, Synthesizer, Schlagzeug, Streicher etc. zum Einsatz. Auf die Frage, was die Blockflöte für ihn bedeute, antwortet der Künstler: »Sie müssen sich vorstellen, ich habe ja Holzflöten, und mit jeder Holzflöte wird Lebendiges weitergegeben. Vielleicht hat mal dieses Hölzle irgendwann in der Vorzeit, als es Baum war, Melodien von einem Vogel gehört. Und diese Melodien gehen wahrscheinlich durch dieses Holz immer weiter. Das ist meine Fantasie ...«

*Die Druckvorlagen aller meisterlichen Abbildungen
dieses Buches wurden freundlich zur Verfügung gestellt
von AKG-images, Berlin*

Bildredaktion: Hildegunde Wöller und Ulrich Sander

Umschlagmotiv: © agentur bridgeman
Alle Abbildungen im Innenteil: © akg images
Autorenfoto Anselm Grün:
© Vier-Türme-Verlag,
Münsterschwarzach
Foto Hans-Jürgen Hufeisen:
© dolce musica edizione, Zürich

Gesamtgestaltung:
Finken & Bumiller Stuttgart

Bibelzitate folgen der Übersetzung
*Die Bibel. Die Heilige Schrift
des Alten und Neuen Bundes
Vollständige deutschsprachige Ausgabe*

AΩ
DIE BIBEL

© Verlag Herder GmbH, Freiburg im Breisgau 2005

Herstellung:
fgb. freiburger graphische betriebe
www.fgb.de

Gedruckt auf umweltfreundlichem,
chlorfrei gebleichtem Papier
Printed in Germany

ISBN 978-3-451-33777-2